MW01149045

CH 510.18 20.61

DATE DUE
Fecha Para Retornar

PRINTED IN U.S.A.

Hodgkins Public Library District
6500 Wenz Ave.
Hodgkins, Illinois 60525

Hodgkins, Illinois 60525

J 339.4 H1G Spanish

Se inteligente con tu dinero

Usar el dinero

por Nadia Higgins

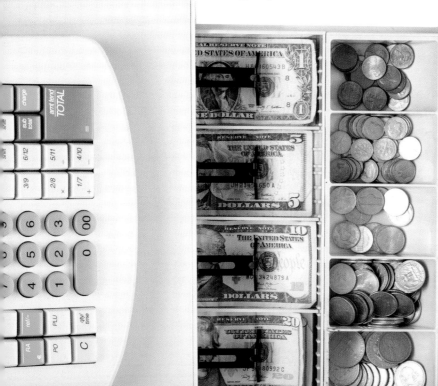

Ideas para padres y maestros

Bullfrog Books permite a los niños practicar la lectura de texto informacional desde el nivel principiante. Repeticiones, palabras conocidas y descripciones en las imágenes ayudan a los lectores principiantes.

Antes de leer

- Hablen acerca de las fotografías. ¿Qué representan para ellos?

- Consulten juntos el glosario de fotografías. Lean las palabras y hablen de ellas.

Durante la lectura

- Hojeen el libro y observen las fotografías. Deje que el niño haga preguntas. Muestre las descripciones en las imágenes.

- Lea el libro al niño, o deje que él o ella lo lea independientemente.

Después de leer

- Anime a que el niño piense más. Pregúntele: ¿Ahorras dinero? ¿Para qué estás ahorrándolo?

Bullfrog Books are published by Jump!
5357 Penn Avenue South
Minneapolis, MN 55419
www.jumplibrary.com

Copyright © 2018 Jump! International copyright reserved in all countries. No part of this book may be reproduced in any form without written permission from the publisher.

Library of Congress Cataloging-in-Publication Data is available at www.loc.gov or upon request from the publisher.

ISBN: 978-1-62496-736-8 (hardcover)
ISBN: 978-1-62496-737-5 (paperback)
ISBN: 978-1-62496-681-1 (ebook)

Editor: Jenna Trnka
Book Designer: Molly Ballanger
Photo Researcher: Molly Ballanger

Photo Credits: Digital Light Source/Getty, cover; Ozgur Coskun/Shutterstock, 1; DenisNata/Shutterstock, 3; paulaphoto/Shutterstock, 4 (foreground), 13, 16, 18; Artazum/Shutterstock, 4 (background), 18–19 (background); Photomara/Shutterstock, 5, 23mr; SF11/Shutterstock, 6–7, 23br; Randy Duchaine/Alamy, 8–9; Maryna Kulchytska/Shutterstock, 9; BW Folsom/Shutterstock, 10 (top), 11 (foreground), 14; talevr/iStock, 10 (bottom); Peter Jordan/Alamy, 11 (background); Mihai Blanaru/Alamy, 12–13 ; Mtsaride/Shutterstock, 14–15 (foreground); Art Stocker/Shutterstock, 14–15 (background); Africa Studio/Shutterstock, 17, 23ml; yu liang wong/Alamy, 20–21; anekoho/Shutterstock, 20–21 (background); bogdan ionescu/Shutterstock, 22tl; Osipovfoto/Shutterstock, 22bl; design56/Shutterstock, 22tr; bochimsang12/Shutterstock, 22br; Ilike/Shutterstock, 23bl; Tony Stock/Shutterstock, 23mr; Thatsaphons/Shutterstock, 23tr; NosorogUA/Shutterstock, 24.

Printed in the United States of America at Corporate Graphics in North Mankato, Minnesota.

Tabla de contenido

Decisiones inteligentes

Bea ganó dinero.

Ella lo ahorró.

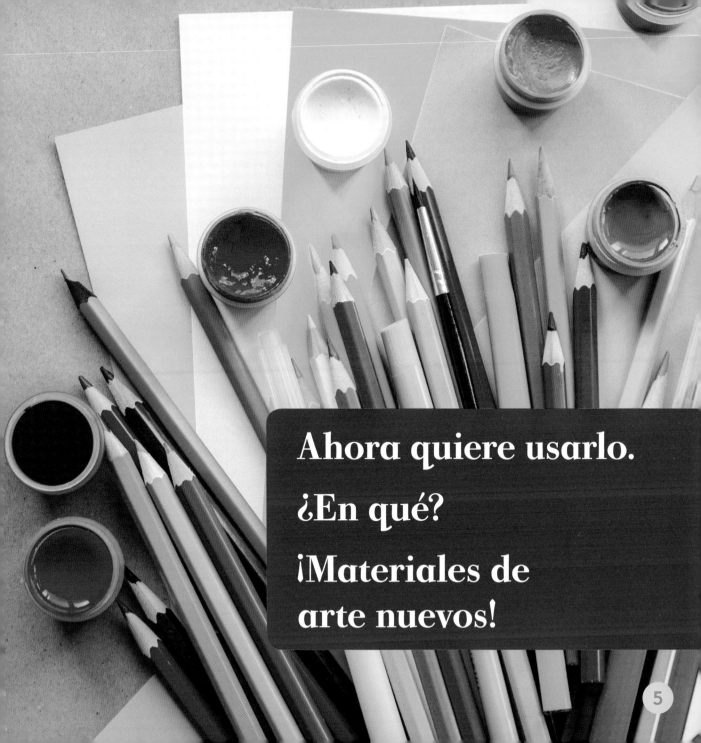

Ahora quiere usarlo.

¿En qué?

¡Materiales de arte nuevos!

Bea y su mamá
van a la tienda
de manualidades.

Bea compra.

Ella tiene diez dólares
para gastar.

$5

Los marcadores cuestan cinco dólares.

$2

El papel cuesta
dos dólares.

¿Bea tiene suficiente?

¡Sí!

Le sobran tres dólares.

$3

Ella puede comprar
acuarelas.

O puede ahorrar
su dinero.

¿Qué es lo que hace Bea?
Ella lo ahorra.

caballete

De esta manera ella tendrá más después.

Ella puede ahorrar para comprar un caballete.

Bea tomó decisiones inteligentes el día de hoy.

Ella usó su dinero.

También lo ahorró.

¿Cómo es que tú
usas tu dinero?

Ayuda a Bea a comprar

¡Bea ha ahorrado diez dólares más! ¿Qué puede comprar con diez dólares?

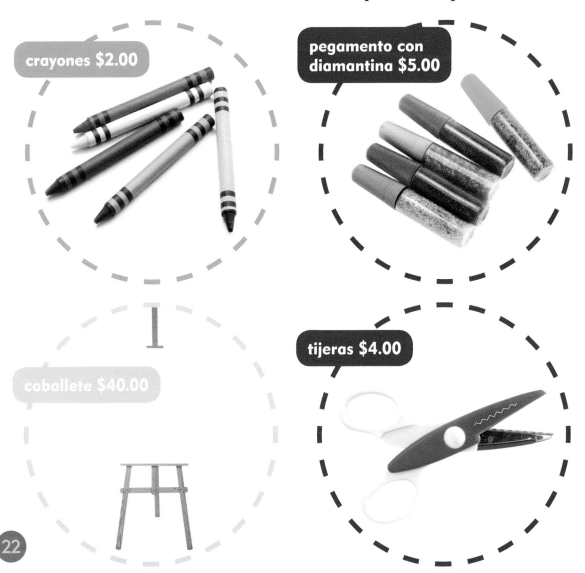

crayones $2.00

pegamento con diamantina $5.00

caballete $40.00

tijeras $4.00

Glosario con fotografías

ahorrar
Guardar para
otra ocasión.

gastar
Usar dinero
para comprar
artículos
o servicios.

caballete
Marco que
contiene piezas
de arte.

meteriales de arte
Productos que los
artistas usan para
crear arte, tales como
lápices y pintura.

ganar
Recibir como
pago o
recompensa.

**tienda de
manualidades**
Una tienda que vende
productos de arte y
para manualidades.

Índice

Para aprender más

Aprender más es tan fácil como 1, 2, 3.

1) Visite www.factsurfer.com

2) Escriba "usareldinero" en la caja de búsqueda.

3) Haga clic en el botón "Surf" para obtener una lista
de sitios web.

Con factsurfer.com, más información está a solo un clic de distancia.